지금 시

지금 시

이 동 희 시집

[책머리에]

지금 여기의 시

"[시]문학이 지향해야 할 시선은
언제나 '지금+여기'여야 한다."
이 생각은 시를 읽고, 쓰는 일뿐만 아니라,
현실을 지탱하는 내 삶의 버팀목이다.
사람이라서
지나간 날들이 남긴 미련으로 추억의 앨범을 뒤적이기도 하고,
내일이 두려워 불확실한 믿음을 세우기도 한다.
그래서 지적 탐구심을 발휘하면서,
흔들리는 감정의 파동을 붙잡으면서,
지금-여기에 대응해 왔다.
결과적으로 말하자면 '지금-여기'를 마련하는 것이
곧 과거를 오늘로 끌어올 수 있고,
미래 역시 오늘의 의식으로 현실화할 수 있음을
어렴풋하지만 흔들림 없이 실감한다.
이 시집은 2021년부터 2123년 9월까지
지금-여기에서 얻은 앎과 삶의 변주곡이요,
그 모음이다.

茶樂書室에서
油然 이동희

CONTENTS

책머리에 … 5
평설 | 『지금 여기를 바라보는 긍정의 시학』 … 127
    황 정 산 (시인·문학평론가)

제1부 | 2021 · 공원의 악사

지금 공부 … 13
화장연습 … 14
좋은 그릇 … 15
시안詩眼 … 16
꽃샘추위 … 17
또 다른 봄 … 18
좋은 시, 좋은 삶 … 19
아버지라는 사람 −기억의 민화 … 20
세내三川를 걸으며 … 22
항상 그렇지는 않지만 … 24
돌아온 봄비 … 26
손 … 27
봄, 쑥 … 28
복선 … 29
장미에게 … 30
소람笑覽 … 32
바위와 냇물 … 34
천수답天水畓 … 35
아득한 찰나 … 36
시, 시 하면서 … 38
오송誤送 −인생환승역에서 … 40
열꽃 … 42
벼락선물 … 43
꽃자리 … 44
가을장미 … 46
막연한 연민 … 47
공원의 악사 … 48
가을소리 … 50
단풍 … 51
늙은 배 … 52

제2부 | 2022 · 우리 할머니 시계

신의 은신처 … 55
아내가 여럿인 남자 … 56
나를 용서하는 방법 … 58
이소離巢 … 59
텃새와 철새 … 60
겨울, 거울 … 61
춘답春踏 … 62
봄만 보이는 봄 … 64
봄비 … 65
꽃과 시 1 … 66
꽃과 시 2 … 67
꽃과 시 3 … 68
꽃과 시 4 … 69
꽃의 혈액형 … 70
먹물의 유효기간 … 71
우리 할머니 시계 … 72
시가 되어 … 74
아픔의 시 … 76
유언遺言 … 77
시 쓰는 꽃 … 78
가을축시 … 80
가을꽃 … 82
다담茶談 -月潭禪師의 茶室에서 … 83
시어詩語 한 수 … 84
노란 조끼 … 85
무서운 스승 … 86
차박인생 … 87
가지런한 신발 … 88
무밭[無心] … 89
섣달 -12월의 시 … 90
인연 … 91
외로움을 아는 자만이 … 92

제3부 | 2023 · 아이고, 수악한 거~

설날 ··· 95
새해라는 말 ··· 96
수박 ··· 98
유대紐帶 ··· 99
앞선 후진국 독후감 -내 서정의 기울기·1 ··· 100
안단테 칸타빌레 -내 서정의 기울기·2 ··· 101
볼륨을 크게 하고 -내 서정의 기울기·3 ··· 102
산불 -내 서정의 기울기·4 ··· 103
푸성귀 -내 서정의 기울기·5 ··· 104
방담放談 -내 서정의 기울기·6 ··· 105
한 몸 -내 서정의 기울기·7 ··· 106
상춘常春 -내 서정의 기울기·8 ··· 107
저 따위가 -내 서정의 기울기·9 ··· 108
낮술 -내 서정의 기울기·11 ··· 109
아이고, 수악한 거~ -내 서정의 기울기·10 ··· 110
녹음천국 -내 서정의 기울기·13 ··· 112
맨발로 걸으며 -내 서정의 기울기·14 ··· 113
러브버그 -내 서정의 기울기·15 ··· 114
승속僧俗 -시와 종교 ··· 116
측백나무 시절 ··· 117
수시로 수신하는 메시지들 때문에 ··· 118
단풍잎을 입다 ··· 119
말큼이 거둔 풍년 ··· 120
톺다 ··· 122
빗소리 ··· 124
익은 시 ··· 125

제1부
2021 · 공원의 악사

지금 공부

내 몸을 읽는 일이
곧
하루 세 끼 저작보다 귀한 날이 왔어요
드디어 라고
죽장을 내리치려다
그만 두었지요
지가 무슨 면벽 수도하느라 세월 잊은
땡중이라도 되느냐는, 자발심에…
코끝에 침을 발라
저리고 굳은 몸은 어떻게 풀어본다지만

아무리 닦아도 거울로 쓸 수 없는
내 몸―
그 안에 뿌려 새싹으로 키우려다 그만 둔,
눈 뜨지 못한 씨앗이나
거둬볼까 하며

화장연습

그리움은

감춰두고 잊어버리는 거울이지 싶다

우리 기억의 경대서랍마다

손거울 하나씩

간직해 두는 뜻은

그러므로

내 얼굴 잊지 않으려는,

고칠 수 없는 화장이지 싶다

좋은 그릇

수상한 세월도

불온한 시대도

오는 대로 담는다 하자

그저

내 앞의 오지랖마다

비운소리 간직하려 한다면

새빨간 이름을 돌려 세우면

벗이요

그늘도 어깨 겯고 거니는

나무가 되려는지

시안詩眼

무엇을 찾을 것인가
어디에 거할 것인가

강물은
묻지도 않고
따지지도 않을 뿐

스스로 가는 길이
안이고 밖인 사람

제 길을 찾아
제집을 짓는 이여

꽃샘추위

모든 동작에는 예비동작이
필요합니다

준비운동이랄 수도 있고
마중물이랄 수도 있는
움직임의 움직임이 있기 마련입니다

큰 날개 고니의 도움닫기
작은 날개 참새가
고 작디작은 무릎을 접었다 펴는 일

그리고 못갖춘마디로 시작하는
내 인생,
노래처럼
봄 또한 몸살로 저를
마중합니다.

또 다른 봄

사랑이

밖에서 오는 줄 알았다,

미움마저 춥지 않던 시절엔,

그런데

아픔이 식은 땀 흘리는

계절에 이르고 보니

침묵 속에 맺힌

꽃망울이더라,

흐린 후회 뒤에 오는

맑은 늦사랑이더라

좋은 시, 좋은 삶

좋은 적,
ㅡ나쁜 벗이 어디 따로 있겠습니까?

다만, 흐르는 강물을
온몸으로 적시며
화석처럼, 문신처럼 쉽게 흘러가지 않는 것
선악의 뿌리에 닿는 것

아무쪼록ㅡ
투정할 수 없는 어제는 내려놓고
게으른 근면 아제는 외면하고
바로
오늘이 지금에게 날개를 달아준다면

좋은 슬픔
ㅡ나쁜 기쁨이 어디 따로 있겠습니까?

아버지라는 사람 -기억의 민화

올해 설날 다음날
누가 시키지도 않는 일을 하다 부상을 샀다
[아마, 코로나19가 시키지 않았나, 짐작만 한다]

동쪽 생각창문을 정통으로 가려서
기린봉이며, 그 봉우리를 우러르게 하는 해님을 볼 수 없게 하는
나무를, 공유재산이라는 느티나뭇가지 하나를
자르다, 발을 헛디뎌 뒤로 구르고 말았다

휑한 머릿속에 딱 한 어둠이 스쳐갔다
[아하, 사람이 이렇게도 가는구나]
화단 경치 석에 어깨를 부딪쳐서 망정이지
오른 팔목이 골절되어서 망정이지
머리를 받쳤거나,
목이 부러졌더라면
[아마, 현고학생부군이 되었을 것이다]

그 검은 빛에 한 얼굴이 떠올랐다

한강다리가 끊어져 생사가 단절된

내 다섯 살 적

아버지라는 사람이 보이는 듯했다

생얼로는 도무지 기억이 나지 없는

그 아버지라는 사람의

얼굴이

세내三川를 걸으며

세내를 따라 흘러갔다
천변에는 잊을만하면 떠오르는 첫사랑처럼,
벚꽃들이 꿀벌들을 불러 모으는지
벚나무가 송두리째 날아오르느라
시동 거는 소리 요란했다,
그때쯤이었다, 그날도 셋이서 걸었다고,
몇 년 전 연두를 몹시도 잘 그리던
그녀를 동시에 불러냈다
발걸음도, 발음하는 봄도
그녀를 거쳐 나오면 언제나 연둣빛이었다고
나무마다 봄을 하나하나 피워냈다

이제는 그녀, 다사로운 풀밭에 몸을 맡겼듯이
그녀를 잊을 만하면, 봄마다
시심처럼 연두를 풀어낼 뿐인데―
또 다른 그녀는 작년 벚꽃시절 길 떠나신
아버지를 봄꽃으로 맞이했다
간밤에 아버지를 보았노라고, 아마도
오늘 우리가

저 봄꽃에 실려 가느라 그랬나보다고

세내를 흘러가는 물길이 그렇듯이
우리 또한 그럴 것이다
연둣빛 시심도, 아버지 봄꽃도 흘러가면서
벌꿀들로 시동을 걸면서
봄마다 추억처럼, 피어날 것이다
아마도 그럴 것이다, 마침내
내 더딘 발걸음도 연두를 닮아갈 것이다

항상 그렇지는 않지만

이따금 내가 나를 용서하지 못할 때도 있다
헐벗은 이웃의 내상이나
바다 건너 아픔,
대륙 너머 배고픔을 마주하면서
아무렇지도 않게
얼룩말을 식사하는 사자가 되다니
영양 새끼를 뜯어 먹는
뻔뻔한 하이에나로 살다니
그럴 때마다 나는 나를 지울 수 없어;
항상 그렇지는 않지만
오늘도 그랬다
홀로 저작하는 동안 내내
제복들이 즐기는 사냥질을 마주하며
이유 많은 후진국의 도살 현장을 건너다보며
아픔은 잠깐이지만 아름다움은 영원하다*
그 영원을 찾아 무딘 어금니로 저작하였다
어느 만큼이나 물러나야 선진할 수 있는 것이냐고
누구의 잠깐이
오지 않은 평화로 흐르고,

얻을 수 없는 자유를 수확할 수 있는 것이냐고

내 발밑을 흐르는 피의 강에 물었다

항상 그렇지는 않지만

이럴 때마다

나는 나를 내려놓듯이 흙숟가락을 놓으며

내 아픔을 주고

영원한 영토가 더럽혀지지 않을 수만 있다면…

비건** 스타일로 저작할 뿐이다

* 르노와르: Auguste Renoir (화가. 프랑스. 1841~1919)
** 비건vegan: 완전 채식주의. 육류, 동물의 알, 해산물, 유제품도 먹지 않고 동물의 가죽으로 만든 옷이나 화장품 등 모든 관련된 상품은 사용하지 않습니다.

돌아온 봄비

우리 이다는 열두 살

둘째 손주다

어느 날 담임선생께서 질문지를 돌렸다, 한다

[만약 무인도에 떨어질 때 꼭 함께 있고 싶은 사람은?]

스무 남짓한 아이들 모두

엄마 아빠를 써냈다 한다,[당연하다]

그 중에

딱 한 사람, 딱 한 대답

[할머니 할아버지요]를 써낸

아이가 이다라며

참 별난 아이라며, 상담하던 어미 앞에서

고목나무에 연신 봄비를 뿌렸다 한다

선생은—

손

내 형제만 봐도 그렇다
키가 달라 키 재기를 하거나
가는 길이 다르다며,
길 찾기를 하느라 오솔길로 나갔다
그런 중에 한 녀석은
큰 키 우쭐대다
모난 정 맞아 석고 신세를 지거나
또 한 녀석은
짧은 가방끈 늘이겠다며
날마다 밤마다 철봉에 매달리느라
등잔불 꺼질 날 없다
그런 중에도
길지 않은 샛길에서
북두칠성 찾아가는 별들 속삭임 들었다며
무슨 주문 같은 불립문자를 부르느라
궁상각치우를 엿보거나
도레미파솔라시, 다시 도를 찾아
오르내리기를 밥 먹듯이 하곤 한다

봄, 쑥

금산사 뒷담길은
햇살이 피륙을 펼친 비단길이었다
나 좀 봐 주세요
나 여기 있어요,
다공 많은 키를 키우느라
몰라볼 뻔 했던,
나 ─
새순 돋는 단풍나무 밑에서
좌불이 되어 있다니
하긴, 그다지도 땀이 많던 시절
모악, 손길을 붙잡고 오르내리노라면
목불은 말할 것도 없고
석불에서도 눈이 틔게 하리라던
나 ─
저리 푸르디푸른 흙부처로나마 앉아
쓰디쓴 생각도,
맑디맑게 키워내려, 그리도 애썼구나
그랬구나, 하면서 쓰담쓰담
어루만져 주었다

복선

별이
별인 건
별이기 때문이야, 별나기 때문이야

시가
시인 건
시이기 때문이야, 시시하기 때문이야

내가
나인 건
나이기 때문이야, 나답기 때문이야

장미에게

그대는

여러 겹 향기로 쌓은 성이다

흐느낌 없는 눈물마저

아침조차 견디지 못하고 무너지더니

분홍 립스틱 묻어나자

달달한 입맞춤은

계절의 경계조차 넘어가지 못했지

아직 꽃봉오리인 채

머금은 미소로 말 눈을 틔우고

빨간 향기로 문신한 욕정일랑

망토자락에 감추었지만,

호된, 진실의 문 앞에서

항상 입장마저 거부당하였지

청춘이라고,

허락받은 쾌락이라고

몸을 앞세워 변명을 일삼았지만

네 날선 악담 앞에서는

언제나 의심 없는 패배

이제 남은 건

오직, 계절을 무너뜨리는 바람

그를 시종 삼아

목석으로 쌓은 성을 공성하였지

소람笑覽

구순을 넘기신 여류작가께서 쓰신 책을 보내주셨다
[저 외딴집에 누가 살고 있을까]
책집에 들어앉아 며칠 살다보니
불현듯 그 집에 들어가 살고 싶어졌다
    선생님께서 지으신
    저 외딴집에 살고 싶다
    천대하는 문명을 버리고, 스스로
    홀로움으로 외딴마을로 귀향하고
    싶다 나를 받아 줄
    고요언덕 어디 있을까마는
    밤이 없는 세상노예, 받아줄 마을 어디 있을까마는
    산새들 음률조차 읽어내시는
    나무들의 밀어조차
    조율해 내시는 선생님께서 지으신
    그 외딴집—
    맑은 자성에 몸을 부리고 싶다
    그러노라면
    어머니혜성이 찾아오시는 드문 밤길을 틈타
    저녁별 유성우처럼

내 아둔한 길목을 밝혀주실 것이다
　　그러하실 것이다
보잘 것 없지만 웃으며 보아주시라고
한지에 담아서 보내드렸다
끝에 笑覽, 낮은 절도 잊지 않았다.

바위와 냇물

조우하지 않으면
만나지지 않는 지인을 만난 날
느닷없이 소나기를 조우했다

우산을 들고 있던, 지인이
나에게 처마를 내줬다

갠 날엔 잊고 살다가
비가 올 때마다
어김없이
빗소리가 화들짝 나를 두들기곤 했다

때린 자는 발 뻗고 잔다지만
맞은 자는 불면의 밤을 보낸다는데,

집 한 채를 내 준 이는 잘 주무시겠지만
안방이라도 빌린 듯
빗 소리가, 어깨 한 쪽을 적실 때마다
화들짝 나를 깨우곤 한다.

천수답 天水畓

농부는
땅에다 시를 쓰는 사람이라면

시인은
가슴에 농사를 짓는 사람이다

김매고 거름 주며 씨앗도 뿌려보았건만,
진땀도 싱겁게 흘려보았건만
겨울가슴께가 휑하다,
가을걷이 지나도록

흙이 싹을 틔워 길러 주시듯
빗줄기 흠씬 맞아, 다랑이마다
숨구멍 칸칸마다 물길 넘쳐나기만 한다면…

아득한 찰나
-권천학 시집 노숙露宿에서 노숙老宿을 만나다

책을 읽다가
인간의 마음 안에 뭐가 있든 그것을 밝히는 데는 과학자들보다는 철학자나 시인들에게 맡기는 게 낫다*
뒤통수를 갈기는 죽비를 맞다가
문득 —
유명한 무명시인을 찾아갔다
나는 여직 나를 무명한 무명시인으로 지워가고 있을 때
유명을 노숙露宿시키면서도
울음 잊은 혈통을 대신한 곡비哭婢소리가
새로 태어난 효시嚆矢들이
내 심연 과녁에 박히느라 바르르 떨리느라
화살답게 울었다,
떨림답게 심금을 튕기며 울음 가득했다
시를 읽는 것은 정신을 노숙하는 것
이슬이 찰나의 영토를 넓히는 줄도
어둠이 녹슨 창문을 여는 줄도
잊은 채
화살을 맞으며 얻는 패전의 낭보에도,
통곡을 묵음하는 승전의 흉보에도, 모두

아득했다 −

아주 견고한 빈 성에 유혈 입성하며

눈썹 파르르 떨리며, 시마詩魔에 접선하며

예순 여섯 개 화살들이

처음 꽂히는 울음 닮은 효시였다

그에 닿는, 지붕 없는 집에 이르는

가장 빠른 속도를 주문하자

향수에서 고독까지

혹은, 슬픔에서 고향까지

황제**는 다리 없는 옥좌에 앉아

창문 없는 어둠에 손잡이를 달아주기도,

아득한 바다를 건너갈

잦은 찰나로 범선을 내어주기도 하였다

* E.윌슨: 『인간존재의 의미』에서
** 푸시킨: 「너의 자유로운 혼이」에서, '시인은 고독한 황제'라 했다.

시, 시 하면서

평생을 내지르며 건너왔다
목청 상하지 않았으나, 멀지 않고
눈길 저물지 않았으나, 가깝지 않으며
맘길 놓지 않았으나
닿기에는 변명들이 너무 뵌다
시를 읽는 것은 맘을 노숙하는 것
문득 게송을 읊고 나면
앉은 채로 건 선 채로 건, 적멸에 들었던
선승들의 행적을 밟아갈 수 있기를
더딘 걸음으로 만다라를 그리기를
하늘 아래 별빛 지붕에서 불면했거나
한샘 깊게 파는 스님을 훔쳤거나
익을수록 홍시가 되는 감나무를 잘랐거나
시를 쓰는 것은 몸을 노숙하는 것
철이 덜 들어 삭발했던 소년 만학도가
철이 들어 삭발마저 거부당하는
말의 절에 갇혀, 만행하면서
봄부터 여름 지나, 가을 다 익도록
겨울부채가 되어 나를 불쏘시개로

여생부뚜막에 부채질하면서,

참나무장작을 쪼개면서

시, 시 하면서

오송誤送 -인생환승역에서

명성만으로도 벌써 취하고야 말
말술시우, 최상영이란 걸물이 있다.
그는 술을 시 쓰듯이 마시며, 시를 술 마시듯이 취한다
술이 수면제가 되는, 나를
그는 시인 축에도 못 드는 불출시객으로 취급하겠지만
그의 장인이신 안태석 향토사학자님:
딸부자이신 무골호인을 사숙한 인연으로
말술시인에게도 밉지 않은 호감을 산다

   그가 춘향고을 고등학교 국어선생으로 전주에서 남원까지 기차 통근을 하였는데 한번은 퇴근길에 마신 말술에 곯아떨어져 전라선 상행열차에 실은 몸이 전주를 거쳐 솜리를 지나 조치원인가 어딘가에 내렸겄다 비몽사몽간에 역무실로 끌려간 말술시인은 주머니를 뒤져봐도 땡전 한 푼 없는 거라 내일 아니 오늘 당장 출근은 해야 하고 역무원에게 통사정이야 실랑이 끝에 팔뚝에 誤送이란 확실한 고무도장을 찍어 주더란다 그러니까 여객이 아니라 화물이 잘못 배송되었으니 반송한다는 뜻이라나 뭐라나 그 덕에 무사히 전라선 하행열차에 몸을 싣고 아침 춘향골에 안겼다며 자기는 인간계를 넘어 화물계까지 접신한 귀하신 몸이라는 등 영웅담을 읊듯 시담을 풀어내곤 하였다.

   <

말술시인의 화물계 접신을 반추하며,
　인생 환승역이 가까워지는 날이 되고 보니
　여객의 말석은 고사하고 주석에도 자리가 없는, 내가
　줄기차게 상행선 기차를 타보려는 심보에
　오송──고무도장을 벌겋게 찍어서
　나를 보낸 분에게 반송하고 싶긴 하다
　잔술이나마 취할 수 있는 주객시인으로 돌려보내 줄 수 없겠느냐,
　부전지를 붙여서

열꽃

옆자리에 열꽃나무가 피었다

십분 간격으로 차가운 물수건을 이마에 얹어주면서
수시로 체온을 잰다
그녀의 몸에 여직 뜨거움이 남아 있기는 했던가

두 번째 백신을 접종한 날 밤이었다
첫날밤에도 그리 뜨거웠던가,

도무지 기억마저 까마득한 날들을 지나오면서
열꽃이 번져가는 능선을 망연히 바라보자니

늙은 상춘객이 되는 일
참 아득하고 막막하여 돌아올 봄날 같구나

벼락선물

쓸쓸로 포장한 서푼짜리 시집을 보낸 뒤
계절의 끝자락에서 방황하는 여름처럼

열대성 태풍이 몰려온다는,
심해를 풀어놓은 듯 무거운 어둑새벽을 뚫고
벼락을 치는 이여
―달콤쌉싸름한 은유의 자락을 펄럭이는 이여

언제 무엇으로 우리가 저렇게
하늘을 가를 수 있겠는가
어둠을 찢어놓을 수 있겠는가

더 무디어지기 전에
은밀하게 벼린 은장도를 칼집에서 꺼낼 수 있겠는가

꽃자리

꽃이 하는 일이란-
이렇게 화두를 던지고 화단을 보니
봄 모퉁이에 심은 수세미 꽃이 만발했다

슬픔이 하는 일이란,
이렇게 내 옆구리를 찌르고 나니
구석에서 자라지 못한 흑백모종이 보였다
의심이 하는 일이란,
실망이 하는 일이란,
아픔이 하는 일이란,
꽃도 꺾이고 잎도 떼이고 가지도 찢기고
사랑이 하는 일이란,
대답할 수 없는 질문이 말문을 막는
여름이 무성했다
계절풍이 사납게 지나갔다

가을 예보가 서늘한 날
주렁주렁 매달린 수세미 배꼽에는
핏발선 눈물자국도, 화석된 웃음자취도

내가, 바로 내가 한 일이라는 듯
닫힌 말문이 입을 열어
질문에 답하려는 듯 흔들리고 있었다.

가을장미

장마가 끝나고부터 그녀는 립스틱을 바르지 않았다

무서리 내리고 빈들에 까마귀 우는 날

별빛 가득한 비망록을 모두 털어 음악으로 갈아입었다

나그네 걸음으로 엘레지 여울을 구음으로 건너가자

낙조를 한 몸에 받은 채 길을 따라 떠나려 하는

그녀, 화장기 벗은 오월의 뒷모습이 아련한데

막연한 연민

아침놀을 켜놓고서 나를 맨손체조 하다가
저녁놀을 끌어다가 나를 잠자리에 눕히다

한 권의 책만 읽은 자가 가장 위험하다면
사랑에 울지 않는 자가 마침내 사랑에 운다

사흘 굶어 담을 넘지 않는 사람이 없다면
사흘 굶지 않아도 담을 넘는 사람은 있다

새들이 노상 먹이 찾아 앞으로만 걷는다면
비둘기는 노상 머리를 좌우로 흔들며 간다

사람이 있어 사람일 수 있는 사람이라면
사람이 없어 사람일 수 있는 사람도 있다

저녁놀에 다비 하여 나를 태우며 울다가
아침놀에 등불 밝혀 나를 세우며 웃다가

공원의 악사

동네 쌈지공원 벤치에 노래단풍이 들었다
나이를 짐작할 수 없는
할아주머니가 홀로 아코디언으로 이른 낙엽을 떨어뜨리신다

비 내리는 고모령을 오르락내리락 하시자
분명하신할머니 손수레가 슬그머니
낙엽더미에 정차하시더니 갸웃갸웃 단풍든 음표들을 모으신다
목포의 눈물쯤에서 야쿠르트아줌마의 피곤이
맞은편 일등석 벤치에 자리를 잡으신다
가을이라고, 좀 쉬셔도 좋은 가을이지 않은가
운다고 옛사랑이 오리오만은 가버린 사랑을 불러낼 때쯤
쌈지공원 단골 영감님께서 그늘쉼터에 몸은 감추시고
귀는 온통 아코디언가을에 물이 들으신 듯하다
맨손체조의 리듬이 흐트러져 있지 않은가
아무도 날 찾는 이 없는 산장의 여인을 불러낼 때쯤
나도 슬그머니 가을폭포 속으로 걸음을 옮겼다

〈

3B*와 모차르트에 귀순했던 봄여름을 지나오자

가을보다 먼저 나를 엄습하는 겨울 나그네**라니…

거리의 악사 앞에 놓은 빈 접시처럼

나의 앞길에서, 저리

잘 익은 세월이 시나브로 떨어지는 가을빛에 귀 기울이며…

---

* 3B: Bach, Beethoven, Brahms
** 겨울 나그네: Schubert의 연가곡

가을소리

열 살 손녀와 가을길을 걷는데
문득ㅡ, 문리를 터득한
한 말씀 하신다.
할아버지! 저 소리는 벌레들이 짝짓기하자는 소리지요?
응ㅡ, 그래? 그럴걸, 아마도 그럴 거야…

이름 모를 풀벌레들이라고 낙인찍으려다
얼른 말문을 닫는다

모르면 몰라도, 손녀는
저에게 그리도 충성한다는 준혁이가
부르는 메시지를 듣고 있을지도 모를 일이다

내일이면 이비인후과에 다녀와야 한다며
제 할머니가 성화를 대는 이명을
내가, 듣고 있듯이

단풍

나였던 것들은

모두 어디로 갔을까

담장 너머 던져두고 달아났던

처음 편지처럼

두근두근 나풀나풀

하늘 오선지에 그려지는

빛바랜, 연심

혹은 무궁동無窮動

늙은 배

그날은 가을이 빛을 잃은 날이었다
여름 다음 오는
순서가
겨울에게 추월당했다며 서늘했다

나는 신문스크랩 낙엽더미를
뒤적이다가,
가을시우를 만났다

[낡은 배로 수평선을 만 번은 더 넘고 싶었다/ 만 번은 또 지쳐서 돌아왔다./ 푸른 발자국/ 다도해/ 여러/ 섬]* 그는 수평선을 베고 깊이 길게 누워 있을 것이다

하얀 호흡으로
지치도록 지치지 않는 바다의 갈기마다
쓰인 그의 시에는,

낡은 배를 자꾸만 늙은 배로 읽느라,
섬으로 돌아가자니,
노 저을 시력마저 어두워가고 있는 나, 나날

* 문인수 「낡은 배」에서

제2부

2022 · 우리 할머니 시계

신의 은신처

사람세상 곳곳마다 이를 수 없어
어머니를 대신 보내주셨다
신께서는 —

바람 따라 강물 건너가셨듯이
바람 타고 강물 건너오시듯이

들숨날숨 사이사이
몸을 덥혀주시는
어머니 손길 —

내 몸은 신의 은신처이시다

아내가 여럿인 남자

 허수인 나는 아내가 여럿이다

 처음 아내는 소녀 적 꿈이 책방주인이었다. 그녀는 칠남매 막내로 언니오빠들 교과서로 몸피가 불어, 맨주먹 붉은 피로 무장한 나를 무장 해제시켰다. 두 번째 아내는 멀티 플레어였다. 안사람이자 주부요, 놉이자 외아들의 신사임당이었다. 그럴 때 남편이란 허수는 술로 시를 쓰는, 시를 시집에서 찾는 게 아니라 술집에서 찾는 맹추였다. 그러거나 말거나 아내는 서너 품을 호락질로 해냈다. 세 번째 아내는 오로지 훈장노릇이 제몫이라는 듯, 서푼짜리 서당 견공을 갈고닦아 상아탑에 세웠다. 그러다가 네 번째 아내였다. 그녀는 밤을 낮으로 풀어내는 이야기꾼이 되더니, 황하 하진에 있다는 물살 거센 신춘문에도 오르고*, 시간의 무늬를 그리면서 늙을 새를 잡아두기도 하면서, 백제에서 왜국까지 대하를 놓겠다며, 벌써 물길 건널 범선 대여섯 척을 건조했다**고도 한다. 그러다 보니 어느덧 다섯 번째 아내를 두게 되었다. 여기까지 오개된 것은 단언컨대, 몇 차례 받은 벽력같은 박수소리가 화근이었다. 직지심경의 화두를 잡은 그녀의 꿈들이 인화

되기도 하고***, 곽재우 의병장으로부터 적지 않은 포상금까지**** 받은 게 앞의 아내들을 떠나보내게 된 까닭이었으리라.

 더 이상 여러 아내를 거느릴 여력이 없는, 나는
 신당에 드나들며 요리도 하고 설거지도 해보지만, 치성이 부족한지
 아내의 밤은 자꾸만 길어지고
 허수의 아침은 정오를 지나 하오로 기울어가는 나날이다

---

* 내 아내 노령은 <전북도민일보> 신춘문예(소설.2006) 당선으로 등단하였다.
** 내 아내 노령 작가는 백제를 소재로 대하소설 『혼맥婚脈』 10권 중 5권을 전자책으로 출판했다.
*** 내 아내 노령 작가는 장편소설 『청주淸州』로 제8회(2020) <직지소설문학상>을 받았다.
**** 내 아내 노령 작가는 중편소설 「의령·의령」으로 제11회(2021) <천강문학상 대상>을 받았다.

나를 용서하는 방법

 예수 죄 없는 자 돌로 쳐라 하자, 죄 있는 자부터 돌팔매를 거뒀습니다.

 아프리카 바벰족 마을에서는 죄인을 광장 한복판에 세웁니다. 마을 사람들은 하던 일을 멈추고 모여들어 그를 둘러쌉니다. 그리고 돌아가며 그가 과거에 했던 미담 감사 선행 장점 등을 한마디씩 쏟아냅니다. 넌 원래 착한 사람이었어. 작년에 비 많이 왔을 때 우리 집 지붕을 고쳐줬잖아 고마워! 아플 때 약초를 구해주어 내가 살았지. 그렇게 칭찬을 쏟아내면 죄인은 흐느껴 운다고 합니다. 그러면 마을사람들이 한 명씩 다가와 죄인을 안아주며 위로하고 용서해줍니다. 칭찬 릴레이가 끝나면 죄인은 새사람이 되었음을 인정하는 축제를 벌인다고 합니다. 중요한 건, 범죄를 저지르는 사람이 거의 없어 이런 축제를 하는 일이 매우 드물다는 것입니다.

 나는 매일 일기장에 돌팔매를 날립니다.

이소離巢

나무 아래서 마림바를 연주하는
어미원앙새―
알레그로에서 비바체로 애타는 연주 따라
제 키보다 수백 배
높은음자리표 둥지에서
팔분음표 꼬리 달린 날개를 펴고
하루 새는 하루 만에
허공을 난다

칠십년 비다듬은 둥지에서
저물도록 집을 지키는 노숙, 언제쯤
낮은음자리표에서 나를
연주하게 될까

텃새와 철새

전주 우전중학교 뒤편, 꽤 넓은 실개천에
봄이 흐드러지다 지워지고 있는 날
봄비가 봄꽃들을 대하로 흘려보내는 날
지난겨울 시베리아에서 날아온 청둥오리들
자맥질하며 노니느라
아예 돌아갈 생각이 없는 날

마침 우즈베키스탄에서 날아온
고려인들이 빛고을에 날개를 접었다는 날
봄날 먹구름 속에서 원뢰 울부짖는 날
돌아갈 나라를 버린 청둥오리들의 자유가
나라를 찾는 고려인들 날개 같은 것이냐고
봄비에 젖는 깃을 털며 물어보는 날

겨울, 거울

겨울공원, 공화국에서
겨울화가는 날개를 달고 싶어 한다

동백꽃도 꺾어다 놓고 샘물도 한 바가지
차려놓고
자유의 허기를 유혹하려 한다

밑밥은 빛의 화살이거나
혹은 조리개로 가두는 암실 감옥

나는 왜 겨울을 거울로 착각하곤 할까
찰칵, 하면 겨울이 진화하여 뒤집어지곤 하는

춘답 春踏

겨울이 미처 다 거두지 못한 길목에서
봄은 쭈뼛 쭈뼛
기지개를 켜고 있었다
사람의 말도 봄으로 피어난다는 건
천천히 걷는 발길이 말해주었다
햇살이 조곤조곤 시린 가슴을 다독이자
묶어두었던 동상자국을 내보이거나
인두에 덴
화상무늬를 펼쳐 보이는데,
하마터면 어 ~ 꽃무늬 닮았군,
싱거운 소금을 뿌릴 뻔했다
아차, 다음엔 그래도
쑥밭 그루터기 벚나무 꽃망울이
보였다. 꽃몸살을 하느라 불그스레
물든 수줍음도 보였다
겨울 없이 피는 봄 없다,
하나마나한 입보시라고 던져보는데
이른 개화에도 춘설은 쌓이고, 늦은 열매에도
서리는 내렸더구나,

눈꽃 서리무늬 온몸에 그린 여린 쑥을 보자
사람으로 덴 자국처럼
바람의 향기 아지랑이는 피어나는데

봄만 보이는 봄

바람난 바람은 못하는 것이 없다
현호색 꿈으로 별밭을 만들고
쑥쑥 자란 쑥대머리 쑥버무리도 만들고
자지러지는 벚나무웃음 면사포도 만들고
연분홍 치맛자락 진달래술도 만들고
병아리 떼 종종종 노랑아지랑이도 만들고
무엇보다 잘 만드는 것은
짝 없이 사는 이의 팔베개도 만들고
심지어 —
올망졸망 도시락을 거느리고
봄나들이하는 젊은 노동도 만들어낸다
바람 안 난 바람은 못하는 일을 한다

봄비

어둠을 조각조각 잘라내려는지
여명이 트기 전부터
지붕전설이 소란하다
아마도
수상한 사랑에 대하여, 뭔가
내통하자는 비밀전문인지
하여간, 멀리
건너가시기 전에 한번
뵙고
함께 해독해 보자는 건지

꽃과 시 1

꽃 안에
무엇이 있는 지
아는 이는
벌 나비뿐

시 안에
무엇이 있는 지
아는 이는
어린이뿐

꽃과 시 2

누구를 위해서 피지 않는다
오로지 꽃을 위해서만
꽃은 핀다
그래도 모든 이들의
시가 된다,
꽃은

누구를 위해서 노래하지 않는다
오로지 시를 위해서만
노래한다
그래도 모든 이들의
꽃이 된다,
시는

꽃과 시 3

꿀이 되지 못하는 시
시가 되지 못하는 꽃을 위하여

내 집 길가 도시정원에
시를 쓰듯 꽃을 심는다

처음부터 지금까지
스스로 봄도 되어 보려하고
스스로 숲도 되어보려 하였지만

심지어 입성마저 벗겨지듯
바람에 떨어지지만
스스로 스스럼없이 겨울이 되어 가지만

단 한 번도
스스로 문을 닫은 적
없이, 봄이면 봄으로 모두가
다시, 봄이더라
꽃이더라

꽃과 시 4

꽃은
시를 닮고 싶어
지는 꽃을
피우고

시는
꽃을 닮고 싶어
지울 시를
쓴다

꽃의 혈액형

모든 꽃은
혈액형이 빨갛다

   하얀꽃
    노란꽃
     파란꽃
      무슨꽃
       심지어
        사람꽃
마저 붉다

벌겋게 울음 우는
통곡 때문에,

해마다 오월이 오면
모든 이들의 혈액형은 붉다

먹물의 유효기간

어제, 손때 묻은 직지심체요절을
버렸다
당신 침묵 때문이 아니라 내
용량 부족한 나이테,
그를 트럭으로 트럭했다,
오늘
다시 응답 없는 연서를 기웃거리며
함부로 저장 공간을 무겁게 해서는
안 된다
안 된다 비명을 내지르며
시커먼 먹물을 내뱉으며
무거운 지식을 가볍게 싣고
달려 나갔다
나의 트럭은

우리 할머니 시계

산아제한이네 적게 낳아 잘 기르자는 구호도 없던
먼 옛날
우리 동네에 시계는 우리 집에만
있었습니다 세숫대야만한 벽시계가
안방에 떡 하니 걸려 있었습니다
시간이 시계 위에서 날짜를 말해주지 않아도
우리 동네 사람들은 아기들을 쑥쑥 잘도 낳았습니다.
아기 낳은 집에서는 부리나케 우리 집으로 달려와서는
숨이 턱에 닿은 채로 다짜고짜
지금 몇 시예요? 묻곤 하였지요
아이가 사주팔자를 잘 타고 나야
아이가 사주팔자대로 잘 살 것이라 믿었던 건지
그럴 때마다
우리 할머니, 그 세숫대야벽시계를 통째 떼어들고는
자~ 봐라! 지금 시간이 이 시간이다
시간을 읽을 줄 몰랐어도 백수 넘게 시간을 부리셨던
우리 할머니—
사주팔자가 중하긴 중한 줄 아셨던지
숨이 턱에 닿은 동네 사람에게

시간을 통째 디밀곤, 어서 가서 알려라 하셨습니다

남 일도 내 일처럼 다정다감하셨던 우리 할머니
지금은 시간 따위 아무짝에도 쓸모없는 곳에서
사주팔자 타령도 별 소용이 없는 나라에서
평안하신지, 이따금 꿈자리마다 찾아오곤 하십니다
그럴 때마다 어김없이, 늦잠으로 태평한 손주에게
자~ 봐라! 지금 시간이 이 시간이다, 하시며
시간나라의 시계까지 셈을 놓곤 하십니다.

시가 되어

산다는 것은 살지 않겠다는 것

시가 되어 죽겠다는 것은
죽음만큼 살겠다는 것

무엇이 되어
무엇이 아니 되어
살고 죽는 일 말고
더 큰 일
그건, 아무 것도 무엇도 아니 되는 것

딸림 즐거움은 무엇에 무엇을 넣는 것
입에 밥을 넣고, 눈에
바람을 담고 구멍에 소리를 채우는 것

버금 즐거움은 없는 것에서 있는 걸 끌어내는 것
사랑에서 침대를 끌어내고, 은혜에서
집을 지어내고 숨길에서
주검을 찾아내는 것

〈

　으뜸 즐거움은 아무 것도 아닌 것을 아무 것도 아니게
하는 것
　나 아닌 내 얼굴을 없애고, 나 아닌
　내 그림자를 지우고 나 아닌
　내 운전면허증을 반납하겠다는 것

　그럼에도 불구하고
　한사코, 시가 되겠다는 건
　바람타고 흘러가는 구름이 되겠다는 것

아픔의 시

내가 가장 미더워하는 한국시인협회에서
청탁이 왔다 시를 써내라는
청탁이 왔다 병을 주제로
이천이십이년을 갈무리하는 사화집을 낼 터이니
아픔을 아파하는 시를 써내라
한다 그것도 총 십구 행 미만으로 꾸리라
한다 내 이명 앓는 귀 푼수로도
내 속울음에 끄달리는 끄나풀이
일백 여덟 개도 넘는 터수인데
어떻게 열아홉 줄만으로
아픔을 아파하는 시를 쓰란
말인가 끄달리는 비명을 끊어내란
말인가 자를 수 없는 연기
꼬리처럼 오고감이 하나라는데
꼬리처럼 이어지는 강물이라는데
나들목 나루터를 사이에 두고 하나라는데
내 인생 사화집에서 가장 빛나는 **절규**를
단 ―
열아홉 줄에 어찌 모두 녹음할 수 있단 말인가

유언遺言

내 시인수첩을
남몰래 훔친 눈물과
조화처럼 피웠던 웃음을
쟁여 둔
잔고 영원인 보통예금통장이나,
油然日省을
국화꽃 아래 심어다오.
그리고 아까운 그대들 황금손으로
그 갈피를 열고
아무데나 잠든 어둠 쪽을 펼치고
모처럼 가사 없는 노래처럼
한 곡, 나의 곡비를 대신 읊어다오
그리고 맑은 눈물은 쬐끔
가벼운 침묵은 많이
함께 묻어다오.

시 쓰는 꽃

우리나라 유명한 시인 김종해 선생은
쓰레기 분리배출장에 가서도
버려야 할 시詩들 때문에 괴롭다고 했습니다.
사람들 마음을 한 번도 움직이지 못하는 시들 때문에*

저도 언필칭 시인, 선생이라고 부름을 받습니다만
아름답다 순수하다 진실하다 감동이다, 제 시에
박수소리 들리기 바라지만, 제 시를 읽은 어느 누구에게서도
그런 반응들 쉽게 들려오지 않으니
저도 꽤나 괴로운, 부끄러운 시인 축에 드는가 합니다.

어느 날부터 집 앞 길가 화분에 꽃을 심어 가꾸었더니
지나가는 사람들마다 꽃말을 읽는 솜씨가 심상치 않습니다.
저 맨드라미 참 곱다
저 백일홍 참 예쁘다
저 해바라기 참 의연하다
독후감을 연발하며 지나가곤 합니다.
어떤 이들은 꽃말 읽는 것만으로는 모자란다는 듯이

꽃과 함께 어깨동무사진을 담기도 합니다.

그러고 보니 이제 저는 시 쓰는 일은 그만 둘까 합니다.
그저 꽃들이 웃는 웃음소리나
그저 꽃들이 하는 말씀들이나
그저 꽃들이 하는 숨 쉬는 소리나
그저 꽃들이 피어나는 길목을 가꾸며
그저 꽃들의 지킴으로 만족할까 합니다.

그러노라니 꽃들 속삭이는 소리가 자주 들리곤 합니다.
꽃잎이 비록 열흘 붉지는 못할망정
꽃잎이 진토 되어 흩어질망정 쓰레기 분리배출장에 버려지는
황당한 꼴은 당하지는 않을 거라고
꽃들의 목을 축여줄 때마다 속삭여주곤 합니다.
괴로운 저를 달래듯이
시를 써주곤 합니다.

* 김종해 「시詩를 버리다」 에서

가을축시

이런 길에서는
모자를 거꾸로 쓰고라도 걸어야 해요
억새바람으로 옷을 입고
구름신발을 신고
거침없이
꿀릴 것 하나도 없이
걸어야 해요
나서야 해요
가을이잖아요!

고약한 역귀는 물렀거라
욕심쟁이 가난도 물렀거라
심술쟁이 돌팔이도 물렀거라
왜장치고
고함치며
저 바닷길 백리
저 하늘길 천릿길 따라,
길을 나서야 해요
〈

이렇게 꽃이 꽃다운 날들은
물구나무를 서서라도 나서야 해요
갈대무늬 옷자락을 휘날리며
단풍색깔 목도리를 드날리며
밝고 환하게
당당하지만 조금은 염치를 더불어
걸어야 해요
나서야 해요
가을이잖아요!

가을꽃

낙엽수가 링거를 꽂은 채
병원복도를 설왕설래하는데
밤새 창밖에선 예보를 타고
무서리가 찾아왔다
마른 잎으로 매달린 거시기처럼
맨드라미 어제 붉은 벼슬도
채송화 잃은 미소도
분꽃 지운 검은 열매도
고개 숙인 남자의 새벽기상처럼
잠시잠깐
바스락거리는 햇볕농담과 노닥거리며
연애질하느라

다담茶談 - 月潭禪師의 茶室에서

깊은 산,

산골짜기 물길을 따라

한밤 주전자에선

고요가

혼잣말처럼 길을 내는데

때맞춰

천년 옷을 입은 바위와

늙어가는 소나무는

마주 앉아

적막이 풍기는 향기를 따르는데

어제를 돌아온 바람의 붓을 들어

오늘 읽은 행간마다

한 모금

해갈을 쓴다

시어詩語 한 수

　절집만 맡아 놓고 짓는 한 도목수가 내소사 대웅전 세우는 일을 떠안았답니다 도편수는 집은 짓지 않고 노상 심심파적하듯 나무를 잘라 토막을 내고 있었답니다 어제도 그러더니 오늘도 그러고 내일도 그럴 것처럼 나무 자르는 일이 재미진 듯 보였답니다 보다 못한 공양주보살께서 하루는 도목장이 어찌 나오나 보자하고 그 많은 나무 토막 가운데서 한 개를 은근슬쩍 감추었답니다 토막 내기도 신물이 났는지 대목장이 하루는 나무자르기를 멈추더니 잘라놓은 나무토막을 헤아렸답니다 아무리 세어 봐도 나무토막 한 개가 부족한지라 도편수는 "그럴 리가 없는데… 분명히 맞게 잘랐는데… [하면서] 이런 정신머리로 부처님 모실 집을 제대로 지을 수 있겠는가…" 중얼중얼하더니 연장을 싸매 짊어지고 절을 떠나버렸답니다 대웅전 짓기를 이어받은 다른 목수는 앞서 도편수가 잘라놓은 나무토막을 이리 꿰고 저리 맞추더니 얼추 며칠 만에 우람한 대웅전을 지어냈답니다 그런데 그 중에서도 공양주보살이 감춘 다포 한 개는 지금도 이 빠진 자리처럼 비어있답니다

노란 조끼

아직 쉰내 나지 않는 쉰 즈음의 아주머니 두 분
버스정류장에 나타나다
백 팩에서 걸레를 꺼내더니 정류장유리에 대고 포즈를 잡다
저쪽에서 예사롭지 않은 예순 즈음의 아저씨 두 분
스마트폰에 증거를 담다
ㅡ됐어요!
ㅡ갑시다!
걸레를 백 팩에 넣은 그들이 다음 정류장으로 떠나자
길바닥에 떨어진 노란 은행잎을 흩날리며
노란 시내버스가 지나가다

무서운 스승

동네 쌈지공원 아고라에서 만난 아주머니 두 분
목줄한 해피를 사이에 두고 철학을 하신다
우리집양반은 복실이를 딸처럼 이쁘다며 죽고못살더라고요 어느 날부턴가 글쎄 앞가림을 못하다가 변가림도 못하더니 밥도 안 먹고 비실비실 시름시름 앓더니 끝내…… 갸도 노화되면 그런 다네요 글쎄 그 후론 우리집양반 강아지 개소리는 꺼내지도 못하게 하더니 저리 홀로……

시간은 위대한 교사이지만, 불행히도 제자들을 모조리 죽여버린다.*

---

* 베를리오즈(L.H.Berlioz. 1803~1869. 프랑스. 작곡가)

차박인생

　십대부터 목공일을 했다는 김씨 다락방 칸막이 공사를 하는데 간식으로 자시라며 떡이며 과일 등 먹을거리를 조금 내드렸더니 아니 이깟 일 쬐끔 하는데 무슨 만난 것을 이리 주느냐며 말문을 여신다 올해 7학년 1반이라는 이 학동은 30년을 쌩홀아비로 차박인생이라신다 30대 후반에 딸만 둘을 둔 아내가 뇌출혈로 쓰러진 후 여직 요양원 침상에서 일어나지 않는다는 것이다 별수살수 없이 딸들을 홀로 키워 하나는 초등학교 선상님 만들어 학교에 두고 또 한 딸은 간호사 만들어 병원에 보낸 뒤론 방랑시인이라신다 목수솜씨 발휘하여 봉고차를 손수 개조해 캠핑카를 만들어 30여년 3천리방방곡곡 아니 가본 데 없다시며 내 인생도 이만하면 괜찮지 않느냐며 말꼬리를 올리려다 급히 내리며 한 마디 덧붙이시는데… 썩을 것 저리 누워만 지낼 거면 차라리 저승에라도 가지… 그랬으면 새장가라도 갔을 텐데… 이 공사가 끝나면 여수 옆 무슨 섬으로 가서 한 사나흘 바다를 낚아올 거라는데… 그의 눈길은 수평선에 두었으나 맘길은 못내 요양원으로 향하는지… 서늘한 얼굴에는 이승과 저승의 칸막이마저 벌써 지워낸 듯 출렁거리는 바닷물이 넘나드는데…

가지런한 신발

들잠이라도 자러 가는 길일까, 아니면
자소서 쓰다가 지우다가 잠깐 눈 붙이려 가는 참일까
다리 난간 앞에 놓인
끈이 가지런히 묶인 운동화 한 켤레

누구는 오이시디 랭킹을 점검하고
누구는 일찍이냐 이찍이냐 찍찍이를 붙이려 하지만
누구도 가지런히 정리했던
긴 고민 짧은 선택에 대하여
일상의 연민으로 순간의 절망으로 조문할 뿐

어느 날 눈을 떠보니 세상은
절벽이나 낭떠러지마다 이정표를 세우느라
만만한 버들치들 미꾸라지들이 날뛰는데

올 들어 추위의 가장이 찾아온 날, 어떻게
저 깊은 따뜻함에,
이 차가운 희망을 입수하려 했을까
몸서리치며 내쉬는 숨결에는
하얀 피로 물든 몇 방울 활자가 어른거리는데

무밭[無心]

바람 든 무밭에
바람 안든
바람만 천지

해찰하는 사랑밭에
해탈하는
바람만 천지

바람 난 가을이건
바람 든 겨울이건

이러나, 저러나
무밭엔 사계절 부는 바람
무만 천지

섣달 -12월의 시

어둑새벽
노래를 배달하는 성가대를
사립문 앞에서 생강차며 더운 식혜가 마중했어요.
그럴 때마다 합창소리 은하로 흘렀고
그 노래물결 속에서
우리 막내 누님 목소리를 찾아내노라면
세밑에도 오실 수 없던
아비도
설날에도 뵐 수 없던
어미도
하늘나라가 그리 멀지 않다는 듯
마냥 오시고 싶으셨다는 듯
오시어
어린 새끼들의 서글픈 남루를
벗겨주시곤 했어요,
아무렇지도 않게 벗겨 주시곤 했어요

인연

반 년 간 자르지 않던 머리칼을 자르라고
머리를 통째로 맡겼다
무명가위에게
아깝고 서운해서 어찌 자르실 거냐고
이리저리 매만지며 묻는다
유명가위손이
어차피 거둘 거라면
잘리기 전에 지우겠다고
중 얼 중 얼
그러자 스스로가 스르르 떨어지더니
질긴 어둠을 걷어낸 자리마다
이름 없던 날들이 꽃으로
피어나더라

외로움을 아는 자만이*
-〈이태원참사〉희생자들의 넋을 달래며

하루해가 바다에서 익사한다는 것을

아는 자만이

비오는 아침, 빛나는 울음을 읽을 수 있으리

하늘 무너지는 이별이

백조가 부른 마지막 노래였음을

아는 자만이, 또한

어둠이 채색한 밤의 침묵을 들을 수 있으리

남아도는 심장의 검은 피로

대낮에도 시간의 저주를 감추려 한들

바다는 물에 젖은 아침

대신

침묵으로 물든 어둠을 벗겨주지 않는데

사람으로 사람을 읽을 수 있는 자만이

침묵의 색깔로

어둠마저 빛나는 노래일 수 있으리

* 차이코프스키 <외로움을 아는 자만이 6개의 노래> 에서

제3부
2023 · 아이고, 수악한 거~

설날

까치는 울지 않았다
앞머리를 긁어도
아비는 빨리 오지 않았다
세 살 다섯 살 형제는
어른들에게 세배를 할 때마다
아비 귀환을 점치는
점술사였고 박수무당이었다
누군가 발길질하듯 팽개치듯
차례를 제사를 뭐 하러 잡수시느냐
핀잔을 줄 때마다, 나는
독축 없는 청주를 따르며
아비를 추월하며 여기까지 왔다
오기 어렵다는 막바지
설날까지 왔다

새해라는 말

겨울햇살에 말린 빨랫감을 개키며
아내가 그런다
어머~ 새 옷 같아요!
나는 하마터면 내게도 날개가 있었던 날
아스라한 언덕을 오를 뻔했다

뛰어내려도 상처받지 않던 날들
장벽이 아니라
바람막이였던, 새의 날 등을 타고 나를 뻔했다

새롭다는 말, 그 옷 역시
내 사전에는 없었던 날들을 비집고
새해가 떠오른다, 역시
내 앨범에 자리를 튼 새는
날마다 입성이 낡아갔으며, 날마다
주름 깊어가는 밭이랑뿐
어디에도 청춘을 업고 날아오르는
푸른 날개는 없었다
〈

앞문으로 들어와 앞문으로 나가는 게
주인이신 날들이라면,
앞문으로 들어와 뒷문으로 나가는 저
도둑걸음, 내 사전에도 없는
날개를 달고 걸어서 달아나는 저 톱니를
어찌 새롭다, 새 날개라며
동무할 수 있겠는가
잡아둘 수 있겠는가

수박

아내와 둘만 살고 쓰는
우리집 냉장고에
여름현자를 들이지 않은지 몇 년 됐다
우선 명성만은 등치처럼 커서
서늘한 사유의 곳간에 앉힐 자리가 없기도 하지만
그보다 그 우람한 물성을 허물어 삭히자면
썩어 문드러지는 풍문이
악취를 내뿜기 때문이다
벌겋게 익었다며 현자의 책등을 두다리며
솔깃함으로 구매하길 유혹하던 행상 역시
알 수 없는 속내─
그 야리끼리하게 변절한 색상마저
어찌 청진기로나마
진맥할 수 있겠는가, 하여…

유대 紐帶

저 강물에 On하며 가는 날
이 산들을 Off하고 문 닫는 날

낚시친구가 간암발병 서너 달 만에
강을 건넜다, 어제 떠났다
승화원 화장장 운구시간표를 보면서
오늘이 낳을 내일이란 착각,
그 낚싯줄을 끊었다

소멸의 원형에 나를 소신하노라면
어깨를 두드리며 나를 깨우는
따끔 노크!
강을 건너간 이들의 타전이 왔다

내 안의 스위치는, 언제까지나−
자를 것 자를 수 없는 강으로
끊을 것 끊어낼 수 없는 산맥으로
절연상태인 채 온전할 수 있을까

앞선 후진국 독후감 -내 서정의 기울기 · 1

정지아 소설 아버지의 해방일지를 통독하고 끝장에 이렇게 썼다
소설 읽는 재미는 픽션이 논픽션으로 읽힐 때다
그럴싸했다

삼백예순날 삼백예순곳 칼을 맞아도 죽지 않는 사람
   그래도 죽겠다며, 파란 피를 수혈하는
   그런 사람도 있다

글도 끝내 그 명줄 끊어놓고야 말겠다는 검객동일체
   그렇게 살겠다며, 빨간 피를 흡혈하는
   그런 벌레도 있다

비유를 뽑아 비수처럼 찔러대도 피 한 방울 흘리지 않는
빨간 칼의 촉수로 쓰는,
무뇌작가 논픽션은 픽션으로 읽혀서 1도 재미가 없다

안단테 칸타빌레 -내 서정의 기울기·2

  마음자물쇠가 고장 났다는 형씨가 라흐마니노프의 파가니니 주제에 의한 광시곡을 주문하자 엠씨는 친절하게도 밥은 잘 먹는지 운동은 잘 하는지 잠은 잘 자는지 피아노시모로 검은 건반을 타건해 보라며 권유했지 그러자 때 아닌 나비 떼가 닫힌 창문의 커튼을 열고 날아드는데…이럴 때면 에프엠을 자처하던 내 흰 건반도 따라 울음 울어도 전혀 부끄럽지 않는데…언제였는지 울울한 울타리를 넘나들던 내 노래의 나비들은 어디로들 날아갔는지…

볼륨을 크게 하고 -내 서정의 기울기·3

  가슴 조리지 않는 손으로 스위치를 한껏 올려 베토벤 교향곡 3번을 건다 아래층 오른쪽 방에 사는 영감은 무슨 러시아 전쟁 났느냐며 집전화질로 소음화풀이를 할 것이고 다음날 복도에서 만난 위층 왼쪽 방에 사는 빅토리태권도 사범은 어제 울린 曲이 무슨 뜻이었는지 음원 좀 빌리자며 인사할 것이다 귀는 빌려드리되 영웅을 지운 영웅교향곡이 우리네 광장교향곡이 될 수 있을지 볼륨을 한껏 올린 단서를 붙일 것이다 그러면 기둥 없는 집이 부르르 떨며 광장촛불로 타오르기는 할 것인지

산불 -내 서정의 기울기 · 4

그루는 나무를 세는 셈법
터기는 韓나라가 漢나라에 접목된 이종교배
그런다고 한 나라가 되는 건 아니겠지만
셈법교배를 아무리 해도
나무가 타고나면 남는 건
그루터기ー
숨길이 막혀도,
손발이 묶여도,
화상 비집고 나오는 독립만세, 깃발
고사리손길 내미는 연두깃발

열매도 맺지 못하는 왜목과 교배하자고
산마다 화마를 심고
그루터기마다 성냥을 그어대는
철부지 방화범
왕손의 불장난이라니

푸성귀 -내 서정의 기울기 · 5

쇠붙이로 너를 열려는
아침
새들의 방문ㅡ

너를 잠갔던
녹색 언약처럼
멈추지 않는 건
시간의 선율뿐이라는데

계절을 갖춘 입맛으로 자라서
나를 입히려는지
푸르른 노래로
내 몸을 지저귀는 구나

방담放談 -내 서정의 기울기 · 6

 연장자는 오르막길에 놓인 줄을 한 번 잡자 절대 놓지 않겠다는 듯, ~고 월척 잡은 트로피가 녹슨 사연부터, ~는데 낡은 사랑이 통음하는 안주가 된 미담을 거쳐, ~으며 보이스피싱 풀어놓은 함정 기사까지 줄줄이 꿰어 뒷동산에서 천왕봉까지 오르내리곤 하였다 오천 년 동안 밥을 굶고도 저리 씩씩한 등정이 가능하다니 왕손을 우러르는 선진국 중생들은 하릴없이 방생된 물고기 신세가 되어 눈은 도리도리 입은 **뻐끔뻐끔** 내리막길만 하염없이 바라보고 있을 뿐……

한 몸 -내 서정의 기울기 · 7

구순을 벌써 넘으신 가형을 모시고
봄마저 힘들어 하시는 꽃길을 걷는데

꽃말이듯
혼잣말을 하신다

　아기들은 눈만 뜨면 이쁜짓만 느는데
　늙은이는 눈만 뜨면 미운짓만 느는구나

흐드러진 철쭉꽃을 사진에 담으며,
대구가 절창이십니다, 형님!
그래도, 지고 피는 꽃은 한 몸이잖아요

상춘常春 -내 서정의 기울기 · 8

화분에 담긴 장미
빨간 열정을 그냥 외면했다
[사랑이 사랑이되 사랑 아닌 사랑처럼]

시나브로 피고 지고 피더니
끝내 시든 종교 차가운 사상에 시달리다
육탈된 욕망의 유골

겨우내 편지 한 장 비 한 방울
전송되지 않아도

황무지 내 가슴에
화들짝, 열반을 열고 육화되는
봄 —
[사랑이 사랑이되 사랑 아닌 사랑처럼]

저 따위가 -내 서정의 기울기 · 9

사시사철 변덕부리는 나무에게
저 따위 망령이라고 욕설 퍼붓지 않는다

피었다가 지고 마는 꽃에게
저 따위 노류장화路柳墻花라고 하대하지 않는다

심지어—
장대비 쏟아져 초가삼간 떠내려가도
북풍한설 몰아쳐서 길을 감춰도
저 따위 하늘, 저 따위 심보라고
탓하지 않는다, 불평하지 않는다

그런데—
천심도 잠시 정신줄을 놓으셨는지
사시사철 욕을 술처럼 먹어도
시들 줄 모르는 꽃,
꽃 아닌 꽃이 꽃이라고 우기는 꽃을
나 따위, 내 손가락 따위가
심고 거뒀다니

낮술 -내 서정의 기울기 · 11

기분 나쁜 꿈을 꾸었다
아니, 깨고 나니 기분이 더러웠지만,
곰곰을 지난 뒤에
반전 점괘에 기대어보려는,
그 기분 나쁜 시도가 기분 나빴다
기분이라ㅡ
나는 왜 얻어맞은 뒤에야
이른 새벽, 취기에 머리가 아플까
출구조사대로 풀리지 않는 실타래를 풀려던, 날들
그 걸레들이 얼마나 말랐을까
빛과 그늘이 다녀간 사이
꿈 깬 현실이 기분 나쁜 백일몽이 되어버린
나날, 그 생중계 화면을 깨뜨리려
오늘도 낮꿈을 꾸듯
낮술이 땡긴다,
기분 나쁜 꿈속의 그 사내처럼…

아이고, 수악한 거~ -내 서정의 기울기 · 10

우리할머니 입에 달고 사시는 지청구가 있다.
팔을 걷어 부치고, 손주녀석 세수시키다 누렁콧물을 훔쳐내시며,
"아이고, 수악한 거~!"
'~거'를 뽑아낼 때면 두 옥타브는 아무렇지도 않게 질러대는
조수미 소프라노 목청높이도 견줄 만했다

사람들은 그 수악한 것이―
무슨 **빨갱이공산당**이거나, 불한당두목쯤 되는 줄 알았을 것이다
그런데 그게 아니었다
빚에 쪼들려 야반도주한 또랑 건너 구미리댁에게도,
앵두나무우물가에 바람났다고 소문난 철식이복순이에게도,
늙은 어미아비에게 패악질했다는 삼대독자 한가놈에게도,
춘궁기 보리쌀이나 빚내러 간 민씨네 쪽박 걷어찼다는 윤가놈에게도

우리 할머니는 예의 그 소프라노 목청을 뽑으셨다

　지금은 평생 지청구 해대시던 수악한 것들 모두 냅둬버리고

　고산면 남봉리 양지녘에서 밤낮으로 안수사만 바라보시는

　우리할머니가 계셨더라면—

　이 몹쓸 세상소문 들으실 때마다

　얼마나 자주 소프라노 목청을 높이셨을지

　"아이고, 이 수악한 것들아~!"

녹음천국 -내 서정의 기울기 · 13

동네쌈지공원을 맨발로 접신하는데
느닷없이 아닌 일상처럼
푸른 음악이 흘러넘치는 게 아닌가

발신인이 분명한 메시지를 전하느라
새들은 주요3화음으로
주기도문 외워대기 바쁘기만 한데

먼 데 먹구름 몰고 오는 바람 맞아
벼락 맞을 죽비 한 자락에
깔깔거리는 나뭇잎마다 불립문자더라

맨발로 걸으며 -내 서정의 기울기 · 14

모처럼 강천산이 불렀지, 강천사
독경소리로 발바닥에 지압을 받으며,
신발은 등에 졌으니, 애초부터
허리는 생활고의 기울기
노화를 달고 사는 백내장이 모처럼
오월 넘긴 전우들, 녹음천지가
시력검사하자고 달려들어도
조금도 겁나지 않았지
내 몸에 접지되어 방전된 시력이라면
이파리마다 새겨진
시어들, 모두 발음부호가 같다는 것,
그 정도쯤이야 색맹이 아니므로,
아니 문맹천지 세상에도, 저
푸름이 짙어 노망들성싶은 잎을 보고도
빨갛다, 발음하진 않을 것이므로…,
맨발로 녹음을 밟아보면 보이지
강천사 독경소리를 달고 사느라
회문산 거쳐 온, 나무들조차
맨발인 채 서성거린다는 것을

러브버그 -내 서정의 기울기 · 15

사랑은 이렇게 하는 거예요
서로 팔짱을 끼고 종로거리에서 입 맞춘 채로
청계천 인공하천에서 공중체위도 마음껏
즐기는 거예요, 사랑은 이렇게 하는 거예요

그렇대서 열 달 배 꺼진 뒤, 냉장고가 외로울까봐
눈 뜨지 못한 숨결을 얼리지는 않아요
또다시 열두 달 뒤, 열 달 배 꺼진 뒤, 냉장고 심심할까봐
얼린 고독 위에 또 다른 고독을 얼리진 않아요

보르네오에 사는 극락조 사랑놀음을 전하던 목소리 고운 아나운서가 그랬어요. 암컷을 부르느라 애간장을 태우던 수컷이 천신만고 끝에 마침내 "했습니다~!" 쾌재를 불러 주었어요. 나도 사람신선이 되어 함께 웃어 주었지요.—그건 사랑도 아니어요, 그건 하는 것도 아니어요. 신선사람도 아니어요. 적어도 우리 사랑에 비하면…

떨어질 줄 모르는 수집합의 정석—

우리를 징그럽다, 수상한 최음제를 뿌리진 말아요
적어도 우린, 지상천국부터 하늘지옥까지 붙어살거든요.
아무튼, 극락엔 가지 못했을 거예요,
후딱 하고 후딱 날아가 버린 암수극락조는

승속僧俗 -시와 종교

출가하여 만상이 스스로 깰 때까지

죽음을 공부하는 게

승려라며, 雪嶽堂 霧山 大宗師께서는

진공불심을 읊으셨는데

게송마다 시 아닌 게 없으니

스님은 산중에 거하는 시인이신데

재가하여 마음이 스스로 잘 때까지

목숨을 공부하는 게

시인이라며, 魚樂堂 油然無我 詩客은

묘유시심을 염송하는데

노래마다 반야타령 아닌 게 없으니

시인은 저자에 거하는 납자衲子일수 있다면

측백나무 시절

시골집 측백나무 그늘에서
내 소년은
땅뺏기놀이로 영토를 넓혀갔지
한 뼘 땅바닥에 뿌린
푸른 꿈들이 씨앗이 되어
시들 수 없는 넓이로 숲을 써나갔지
내 청년은
측백나무 닮은 시가 되기로 했지
눈 뜨지 못해 거친 시들이
더 슬픈 숨을 깊이 쉴 수 있도록
계절의 출입문마다
빈손사상으로 손잡이를 달아주었지
내 장년은
늘 젊어 철없는 엽록소들이
청향을 발음하도록 은유로 날개를 달아주었지
그러자 어느새
측백나무는 푸르른 노래가 되어
내 노년은
그들을 동무하며 노닐며 거닐며
저물녘을 잘도 가고 있었지

수시로 수신하는 메시지들 때문에

그저께는 잠에서 깨자 가슴이 쓰리고 식은땀이 흘렀다
생수 한 잔으로 달래고 보니 숨쉬기가 편안하다

어제는 불혹의 여린 아들을 돌보는 칠순 아비의 시를 읽다가
그가 맞은 우울한 행복 때문에 되우 심한 눈물바람을 했다

오늘은 아내와 편백나무숲길을 맨발로 걸었다
이명이 받은 하늘 흐린소리에 접지하여 땅의 응답을 더했다

그나마 다행이었다, 빛과 그늘로 오는 내 일을 안다는 것
누구에게나 가는 분명한 신호를 내 몸이 받아들인다는 것

단풍잎을 입다

오늘 아침 벤치에 차린 포목점에서
피륙 한 필을 골라
옷 한 벌을 마름했네

입성 성치 못한 봄날이 언제였던가

나이를 먹을수록 젊어지는 나무,
나뭇잎에 쓰인 일기장엔, 그날처럼
울긋불긋 어휘들이 살아서 팔랑거리는데

실핏줄 흐르는 강물에 비춰보니
여름을 푸새하느라 갈 길 바쁜 갈옷만
출렁이고 있네,
출렁이며 흘러가고 있네

말들이 거둔 풍년

한반도의 배꼽, 부안에 가면
말들이 쟁기질을 하고
김도 매며 농사를 짓는다고 합니다.
이 말들은 아무렇지도 않게
먹을 갈고 갈기를 풀어
생거부안生居扶安을 해서체로 쓰기도 하고
동진나루 해돋이 그 희망찬 햇살도
기름물감으로 잘 그려내곤 한답니다.
그뿐만이 아닙니다.
청자연적 도자기를 구워내어
어버이 밥그릇으로 삼는 건 예삿일－
솔섬 백년송에 걸린 해넘이도 잡아두고
일 년 내내 해가 지지 않는
아조 흥한 나라를 세우기도 한답니다.
그러자 한반도의 눈귀밝은쟁이들은
허 참, 허 참~! 해 싸며,
한반도의 배꼽을 찾아 몰려드느라
말발굽소리 천지를 진동하곤 한답니다.
이럴 때면 －

농자천하지대본 깃발을 앞세운 풍물패가 나서서
읍내마당에 차린 말들의 경연장이 좁다하고
열두 발 상무를 돌리곤 한다는데,
때맞춰 어김없이 오방색을 갖춘 국화까지도
말들의 터전이 가을향기로 만발하도록
함박웃음꽃을 피운다고 합니다.

그러자면 뭐니 뭐니 해도
말고삐를 말아 쥔 시인묵객들 가만있을 수 없겠지요.
아조, 흥겨운 정형률 내재율에 맞추어
목청껏 말들의 높은 기쁨을 신나게 울곤 한답니다.

톺다

날실과 씨줄을 삼자면
삼단머릿결이
허연 모시 올, 한 올 한 올을 입에 물고
맨 무릎을 세워
침을 발라가며 모시 올을 이어 붙이시곤 했다
그러노라면,
대소쿠리에 긴 모시올이 차곡차곡 쌓였는데
실은
모시 올이 아니라
우리 할머니 검은 머릿결을 뽑아
이으시느라
하얗게 바랜 세월이었으리

시심이 단풍잎처럼 흩날리는 날을 맞아
시공부하는 문객들과 마주하여 가을로 어떻게 시를 만들 수 없겠느냐,
설왕설래하는 그 자리에서, 느닷없이가 나서서는
톺다
~라는 우리말이 아랫목처럼 깊고 오묘하다며

시어로 쓰면 좋지 않겠느냐,

그래서 우리 할머니들께서 세월을 모시베로 시를
쓰신 내력을 일러주었다.
그 잘 드는 모시칼로 모시껍질에 붙은 겉껍질을 훑어내
시느라
검은머리가 하얗게 되도록 당신을 비워 내시던
내력을 일러드렸다,
시의 길이 그렇지 않겠느냐며
일러드렸다

빗소리

별마저 잠든 밤에는
나를 지키는 부엉이가 지붕을 노크하지
틱!틱!톡!톡!탁!탁!
한 획 한 획 심장으로 시를 쓰다가
까무룩 젖어드는 한여름 밤의 연주
무궁동 쏟아지는 박수갈채!
음표!음표!흥건히 젖은 음표들!
불면을 재우는 앙코르 곡을 청하며
별을 지운 밤을 무대로
부엉이와 더불어 협주곡을 듣지

익은 시

사랑이

홍시처럼 눕기를

바라는

갈대 앞에

가을이 문득

익은 소리

한 마디 —

우주는 다만 문을 열뿐!

평설

□평설

지금 여기를 바라보는 긍정의 시학

황 정 산 (시인·문학평론가)

1. 들어가며

　보들레르는 「알바트로스」라는 시에서 시인을, 우아한 모습으로 하늘을 날지만, 지상에 내려서는 뒤뚱거리며 걷다 선원들에게 잡혀 수모를 당하는 알바트로스 새에 비유하고 있다. 천상의 세계를 꿈꾸지만, 현실에서는 모욕적인 삶을 감내할 수밖에 없는 것이 시인의 운명이라는 것이다. 성과 속, 이상과 현실, 순수와 속악 이런 이분법적 대립 구도 안에서 시인을 바라보는 이 낭만주의적 관점은 근대 이후 오래 시인에 대한 편견을 만들어 왔다.
　하지만 우리의 전통에서 시인은 조화를 꿈꾸는 사람이다. 자연에서 주객일체의 삶을 도모하고 하늘의 뜻을 세상에 전하는 그런 선지자의 모습을 가지고 있기도 하다. 자연의 순환에서 조화의 질서를 배우고, 지금 여기 현실의 삶에서 인생의 가치와 목적을 추구하는 것이 선비 정신이며 그러한 정신을 표현하여 노래하는 것이 바로 시였다.

이동희의 이번 시집 시들을 보면 이런 전통적 시인관과 맞닿아 있다. 그러나 전통적인 시들이 자연 속에서의 음풍농월이나 도학자적 안빈낙도를 얘기하는 것에 반해 이동희의 시들은 훨씬 더 현실에 밀착되어 있다. 그의 시들은 현실의 삶에서 지혜를 구하고 지금 여기의 일상에서 새로운 가치를 발견하는 기쁨을 노래한다. 그의 시가 지금 여기의 삶에 어떻게 밀착해 가는지 그의 시들을 좀 더 면밀하게 살펴보자.

2. 삶의 현장을 바라보는 따뜻한 눈

이동희의 시에는 일상에서 느끼는 기쁨이나 깨달음이 자주 등장한다. 우리가 쉽게 지나쳐버릴 사소한 사물이나 일들에서 인생의 지혜를 묘파해내는 웅숭깊은 눈을 그는 가지고 있다. 가령 다음과 같은 시를 보자.

> 조우하지 않으면
> 만나지지 않는 지인을 만난 날
> 느닷없이 소나기를 조우했다
>
> 우산을 들고 있던, 지인이
> 나에게 처마를 내줬다
>
> 갠 날엔 잊고 살다가
> 비가 올 때마다
> 어김없이
> 빗소리가 화들짝 나를 두들기곤 했다

때린 자는 발 뻗고 잔다지만
맞은 자는 불면의 밤을 보낸다는데,

집 한 채를 내 준 이는 잘 주무시겠지만
안방이라도 빌린 듯
빗 소리가, 어깨 한 쪽을 적실 때마다
화들짝 나를 깨우곤 한다.
　　　　　　－「바위와 냇물」 전문

　시인은 어느 날 한 지인과 소나기를 조우했던 경험을 생각한다. 그는 소나기 속에서 우산 처마를 빌려주었던 사람이다. 시인은 그 사람을 "집 한 채를 내 준" 고마운 사람으로 기억하면서 빗소리가 들릴 때마다 그 고마운 순간을 "안방이라도 빌린 듯" "화들짝" 놀라 다시 돌아본다. 우리는 다른 누군가로부터 종종 도움을 받고 산다. 아니 어쩌면 우리의 삶 전체가 타인의 도움으로 이루어졌다고 해도 과언은 아니다. 복잡한 사회 관계망 속에서 살아가고 있는 우리는 누군가로부터의 도움 없이 우리의 삶을 영위할 수는 없는 일이기 때문이다. 오늘 아침 아무 일 없이 집을 나서 안전하게 직장까지 출근하는 것도 사실 수많은 사람의 도움 없이 이루어질 수 없는 일이다. 하지만 우리는 누군가에게서 받은 은혜나 도움을 종종 잊고 산다. 시인은 빗소리를 들으며 그 도움의 순간을 기억해내고 화들짝 놀라 무심해지려는 자신의 의식을 다시 붙잡는다. "갠 날에 잊고 살다가 / 비가 올 때마다 / 어김없이 / 빗소리가 화들짝 나를 두들기곤 했다"라는 구절이 이런 각성의 순간을 잘 말해주고 있다.

　다음 시에서는 변화무쌍한 날씨를 보면서 시인인 자신을 반성한다.

쓸쓸로 포장한 서푼짜리 시집을 보낸 뒤
계절의 끝자락에서 방황하는 여름처럼

열대성 태풍이 몰려온다는,
심해를 풀어놓은 듯 무거운 어둑새벽을 뚫고
벼락을 치는 이여
-달콤쌉싸름한 은유의 자락을 펄럭이는 이여

언제 무엇으로 우리가 저렇게
하늘을 가를 수 있겠는가
어둠을 찢어놓을 수 있겠는가

더 무디어지기 전에
은밀하게 벼린 은장도를 칼집에서 꺼낼 수 있겠는가
- 「벼락선물」 전문

  시인이 "쓸쓸로 포장한 서푼짜리 시집"이라고 겸손하게 표현한 자신의 시집을 지인들에게 보낸 후 시인은 방황을 경험한다. 자신은 왜 이런 시밖에 쓸 수 없을까? 더 좋은 시를 쓸 수는 없을까? 하는 자괴감 때문이었을 것이다. 그때 때마침 몰려오는 태풍이 시인의 의식에 벼락같이 호된 깨우침을 던져준다. 그것은 "하늘을 가를 수 있"고 "어둠을 찢어놓을 수 있"는 번개처럼 빛나는 작품을 써야겠다는 스스로의 다짐이고 다그침이다. 그래야 "무거운 어둑새벽" 같은 이 답답한 미망에서 벗어날 수 있다는 것이다. 그리하여 "더 무디어지기 전에" "은장도를 칼집에서 꺼내" 신랄한 문장을 쓰리라 결의를 다진다. 이렇듯 시인에게는 자연의 현상마저 범상치 않게 다가온다. 태풍이 가져온 뇌우에서 번뜩이는 시심을 찾으려는 시인의 시선은 번개처럼 밝아 보이고, 그것을 표현하는 언어는 벼린 칼보다도 더 예리하다.
  다음 시는 우리가 일상에서 흔히 접하는 장미라는 자연물에서 삶의 비의를 발견해내고 있다.

     그대는
     여러 겹 향기로 쌓은 성이다
     흐느낌 없는 눈물마저
     아침조차 견디지 못하고 무너지더니
     분홍 립스틱 묻어나자
     달달한 입맞춤은
     계절의 경계조차 넘어가지 못했지
     아직 꽃봉오리인 채
     머금은 미소로 말 눈을 틔우고
     빨간 향기로 문신한 욕정일랑
     망토자락에 감추었지만,
     호된, 진실의 문 앞에서
     항상 입장마저 거부당하였지
     청춘이라고,
     허락받은 쾌락이라고
     몸을 앞세워 변명을 일삼았지만
     네 날선 악담 앞에서는
     언제나 의심 없는 패배
     이제 남은 건
     오직, 계절을 무너뜨리는 바람
     그를 시종 삼아
     목석으로 쌓은 성을 공성하였지
                         -「장미에게」 전문

시인은 장미를 성으로 표현하고 있다. 겹겹이 쌓인 꽃잎으로 인해 그 안을 쉽게 볼 수 없기 때문이다. 하지만 그 성안에 장미는 "빨간 향기로 문신한 욕정"을 가득 품고 있다. 이 구절은 색과 향기와 촉감이 함께 어우러진 멋진 공감각적인 표현이다. 하지만 이 젊음의 욕정 같은 열정으로 인해 진실을 보지 못한다. 시인은 이것을 "진실의 문 앞에서 / 항상 입장마저 거부당하였지"라고 재미있게 표현하고 있다. 젊을 때는 그것을 "허락받은 쾌락"이라고 변명을 해보지만 그것은 항상 "의심 없는 패배"로 끝나고 만다. 쾌락은 우리에게 일시적인 만족만을 선사하는 바람 같은 것이기 때문이다. 그런데 우리는 그 바람으로 진실로 다가서는 공성전을 펼치려고 한다. 시인은 이렇게 장미라는 대상을 바라보면서 욕망과 쾌락을 추구하는 삶속에서 얼마나 자신을 소모하고 자신의 진실을 감추며 살고 있는지 돌아본다. 우리의 짧은 인생이 한때 피었다 지는 장미의 그 화려함과 얼마나 다르겠냐는 깨달음이다.

일상과 자연에서 삶의 비의를 발견하는 시인의 자세는 범신론적 세계관으로 연결된다.

사람세상 곳곳마다 이를 수 없어
어머니를 대신 보내주셨다
신께서는—

바람 따라 강물 건너가셨듯이
바람 타고 강물 건너오시듯이

들숨날숨 사이사이
몸을 덥혀주시는
어머니 손길—

> 내 몸은 신의 은신처이시다
> ―「신의 은신처」 전문

 시인에게 신은 어머니의 모습으로 때로는 바람이나 강물의 모습으로 현존한다. 그것은 모든 존재, 모든 사물에 다 영혼이 깃들어 있고 신의 손길이나 신의 흔적이 새겨져 있다는 범신론적인 사고 다름 아니다. 그렇게 보았을 때 우리의 몸은 그 신이 거주하는 은신처일 수밖에 없다. 물론 이런 깨달음은 내 자신이 바로 신이다, 라는 오만불손한 태도와는 거리가 멀다. 신이 만든 대자연이라는 큰 질서 속에서 내가 살고 있듯이 그 자연의 이치가 내 몸 안에도 그대로 새겨져 있으리라는 그래서 내 몸을 신을 대하듯 해야 한다는 경건한 삶의 자세를 말하고자 한 것이 아닌가 한다.

3. 현재적 시간관과 긍정의 미학

 근대적 시간관은 직선적이다. 어떤 목표를 향해 끊임없이 발전하고 있다는 일직선적 시간관이 근대 문명을 꽃피게 했다고 해도 과언은 아니다. 그런데 그 문명이 불행하게도 파멸을 향해 나아가고 있는 것 아닌가 하는 불안한 의문이 제기되고 있는 것도 사실이다. 이동희 시인은 이런 시간관에 의문을 제기한다. 그에게 시간은 과거에서 현재를 거쳐 미래로 나아가는 직선이 아니라 영원히 순환하는 현재일 뿐이다. 다음 시에 그런 시간관이 잘 나와 있다.

>   구순을 벌써 넘으신 가형을 모시고
>   봄마저 힘들어 하시는 꽃길을 걷는데
>
>   꽃말이듯
>   혼잣말을 하신다
>
>   아기들은 눈만 뜨면 이쁜짓만 느는데
>   늙은이는 눈만 뜨면 미운짓만 느는구나
>
>   흐드러진 철쭉꽃을 사진에 담으며,
>   대구가 절창이십니다, 형님!
>   그래도, 지고 피는 꽃은 한 몸이잖아요
>   -「한 몸」전문

 "지고 피는 꽃은 한 몸"이라는 구절이 이 시에서 빛나는 요체이다. 꽃이 피고 지는 것은 시간을 통해 이루어진다. 새싹을 보고 꽃을 기대했다가 피는 꽃을 보고 기뻐하고 결국, 지는 꽃을 보고 슬퍼한다. 아직 많은 미래의 시간을 가진 아이들은 모두 아름답게 느껴진다. 그들은 삶의 생동감과 희망을 상징하기 때문이다. 반대로 늙은이는 하는 짓이 모두 밉게만 보인다. 그들의 삶의 끝자락에 도달하는 절망을 품고 있기 때문이다. 직선의 시간관으로 보면 당연한 일이다. 하지만 이러한 시간관은 우리에게 희망을 주기도 하지만 절망을 안겨주기도 한다. 그런데 피고 지는 것이 한 몸에서 이루어진 현재적 사건이라고 생각할 때 이 희망과 기쁨과 절망은 모두 하나가 된다.
 다음 시에 보이는 시간관은 입체적이다.

오늘 아침 벤치에 차린 포목점에서
피륙 한 필을 골라
옷 한 벌을 마름했네

입성 성치 못한 봄날이 언제였던가

나이를 먹을수록 젊어지는 나무,
나뭇잎에 쓰인 일기장엔, 그날처럼
울긋불긋 어휘들이 살아서 팔랑거리는데

실핏줄 흐르는 강물에 비춰보니
여름을 푸새하느라 갈 길 바쁜 갈옷만
출렁이고 있네,
출렁이며 흘러가고 있네

― 「단풍잎을 입다」 전문

  시인은 단풍잎을 바라보며 노년에 접어든 자신의 삶을 돌아본다. 한 해가 가는 가을에 볼 수 있는 단풍잎이지만 거기에는 봄날의 희망과 여름날의 젊은 열정이 모두 다 들어있다. 그 모든 시간이 "출렁이며 흘러가며" 단풍든 가을을 보여주고 있다고 시인은 생각한다. 우리의 삶도 마찬가지이다. 언젠가는 늙고 또 생을 마감하겠지만 우리가 살아있는 한 거기에는 우리가 살았던 시간들이 순환하며 일체가 되어 흘러가고 있다. 내 몸이 늙은 것은 그 안에 유년과 청년을 포함하고 있기 때문이다. 이처럼 이동희 시인이 보여주는 시간관은 현재적이고 또한 입체적이다.
  그래서 시인은 다음의 시에서처럼 지금 이곳에 관한 공부를 한다.

내 몸을 읽는 일이
곧
하루 세 끼 저작보다 귀한 날이 왔어요
드디어 라고
죽장을 내리치려다
그만 두었지요
지가 무슨 면벽 수도하느라 세월 잊은
땡중이라도 되느냐는, 자발심에...
코끝에 침을 발라
저리고 굳은 몸은 어떻게 풀어본다지만

아무리 닦아도 거울로 쓸 수 없는
내 몸—
그 안에 뿌려 새싹으로 키우려다 그만 둔,
눈 뜨지 못한 씨앗이나
거둬볼까 하며

-「지금 공부」전문

  시인에게 중요한 것은 지금 여기이다. 면벽 수도로 세월을 보내며 도달해야 할 높은 어떤 미래의 경지가 아니라 아직 "눈 뜨지 못한 씨앗이나 / 거둬볼까"하는 현재의 어설픈 삶이 더 중요하다는 것이다. 바로 그런 생각에서 가장 중요한 일은 지금 현재의 내 몸을 생각하는 일이다. 시인은 그것을 "하루 세끼 저작보다 귀한 날"이라고 말하고 있는데 이 말에는 하루 일상을 살아가는 현실이 얼마나 귀한 일인지가 반어적으로 들어있다. 미래를 위해 나를 닦는 구도나 수련을 시인은 부정하고 있다. 시인은 그것을 "아무리 닦아도 거울로 쓸 수 없는 / 내 몸"이라고 말한다. 속된 현실을 살아가는 우리는 면벽 수련을 통해 거울처럼 명증한 깨달음의 세계로 나아가지 못한다. 희로애락과 오욕칠정의 현재적 삶이 우리의 몸과 정신을 이미 사로잡고 있기 때문이다. 그것을 깨끗이 닦아 제거하여 맑은 거울 같은 의식을 되찾는다는 것은 애초에 불가능하다는 것이다. 그것은 "코 끝에 침을 발라 / 저리고 굳은 몸을 푸는" 허망한 일에 불과하다고 시인은 희화화하여 우리에게 보여준다. 중요한 것은 지금 여기 살고 있는 내 자신, 내 몸을 받아들이는 일이다. "눈 뜨지 못한 씨앗"일지라도 자신 안에 있는 소중한 가능성을 긍정하는 일이다. 그리고 우리는 그 현재의 시간을 받아들이면 그뿐이라는 것이 이 시에서 말하고자 하는 시인의 생각이다.

 이런 현재적 시간관은 삶에 대한 무한한 긍정의 시각을 제공해 준다. 다음 시가 그것을 잘 보여준다.

> 겨울공원, 공화국에서
> 겨울화가는 날개를 달고 싶어 한다
>
> 동백꽃도 꺾어다 놓고 샘물도 한 바가지
> 차려놓고
> 자유의 허기를 유혹하려 한다
>
> 밑밥은 빛의 화살이거나
> 혹은 조리개로 가두는 암실 감옥
>
> 나는 왜 겨울을 거울로 착각하곤 할까
> 찰칵, 하면 겨울이 진화하여 뒤집어지곤 하는
> ─「겨울, 거울」전문

시인은 발음이 비슷한 "겨울"과 "거울"이라는 말을 교묘하게 변용한다. 지금은 겨울이다. 겨울은 물론 시련의 시간일 것이다. 그래서 더러 사람들은 "동백꽃도 꺾어다 놓고 샘물도 한 바가지 / 차려놓고" 있는 이 시 속의 화가처럼 이 겨울을 견디려 한다. 하지만 시인은 이 모든 것은 "자유의 허기를 유혹하"는 것에 불과한 허망한 것이라고 생각한다. 시인은 대신 겨울을 뒤집어 거울로 의식적인 착각을 한다. 거울 속의 세상이 뒤집어지듯 겨울 역시 뒤집으면 그 안에 다른 시간들이 들어있으리라 상상하는 것이다. 그때 겨울은 봄과 여름과 가을을 모두 품는 긍정의 시간으로 변하게 되는 것이리라.

그럴 때 지금의 노년의 시간은 다음 시에서처럼 영원한 아름다운 시간으로 변화한다.

> 나였던 것들은
> 모두 어디로 갔을까
> 담장 너머 던져두고 달아났던
> 처음 편지처럼
> 두근두근 나풀나풀
> 하늘 오선지에 그려지는
> 빛바랜, 연심
> 혹은 무궁동無窮動
> 　　　　　　－「단풍」전문

시인은 단풍을 보고 지난 세월을 돌아보고 있다. 그럴 때 우리는 흔히 흔적 없이 지나가 버린 지난 시간을 아쉬워할 것이다. 하지만 시인은 그것을 아쉬워하는 대신 단풍을 과거의 시간이 보낸 연서로 바꾸어 생각한다. 그럴 때 빛바래 떨어질 운명을 가진 단풍은 무궁하게 움직이는 현재로 탈바꿈한다.

4. 맺으며

 이동희의 시들을 읽으면 따뜻하다. 쉽고 간결하지만 사유를 담은 그의 시어들은 일상에 지친 우리의 마음을 감싸주고 삶의 지혜로 우리를 위로한다. 그의 시가 그럴 수 있는 것은 순환적인 시간관으로 지금 여기 현재의 삶을 받아들이는 긍정적 세계관을 가지고 있기 때문이다. 이런 긍정적 세계관에서 나온 그의 안온한 시어들은 세상을 흑과 백, 현실과 이상, 선과 악 등 이분법적으로 나누어 갈등과 모순을 일으키지 않고, 넉넉한 포용적 시선으로 우리의 삶을 긍정하도록 권유한다. 그런 시인에게 시를 쓰는 일은 한 송이 꽃을 피우는 일과 다르지 않다.

> 누구를 위해서 노래하지 않는다
> 오로지 시를 위해서만
> 노래한다
> 그래도 모든 이들의
> 꽃이 된다,
> 시는
>
> —「꽃과 시 2」 전문

 누구를 위해서 노래하지 않지만 모든 이들의 마음에 피어나는 한 송이 꽃이 되는 시를 쓰는 일이 바로 이동희 시인에게는 시인의 사명이고 나아가야 할 길이기도 하다. 이 긍정의 아름다운 마음이 다음번에는 더 큰 탐스러운 꽃으로 피어나길 기대하며 글을 마친다.

油然 이동희 李東熙

- 전주 출생
- 1985년 시전문지 『心象』신인상에 당선되어 문단에 등단
- 시인, 문학평론가, 문학박사
- 전주영생고등학교 졸업
- 전주교육대학교, 전주대학교사범대학(국어교육과) 졸업
- 고려대학교교육대학원(국어교육전공) 석사 취득
- 조선대학교대학원(국어국문학과) 문학박사학위 취득
- 한국문인협회, 한국시인협회, 심상시인회 회원
- 전북문인협회, 전북시인협회, 전주풍물시동인회 회원
- 전주대학교 사범대학 겸임교수
- 전북시인협회장, 표현문학회장, 전주풍물시동인회장 역임
- 전북문인협회장, 심상시인회장 등 역임
- 현재 유연문예교실, 부안문예창작반 지도교수로 활동 중

수상

전북문학상(2000년) · 표현문학상(2001년) · 전주시예술상(2002년)
목정문화상(문학부문·2008년) · 자랑스러운 전북인대상(문화예술부문·2016년)
<제35회 윤동주 문학상>(2019년) · <제11회 중산문학상>(2023년)

기타
- <국악실내악단-한음사이>에서 창작곡 『전주십경-전주십미』 전작 가사 작시(2002년)
- 창작 칸타타 <루갈다> 전작가사를 작시하고, 한광희가 곡을 붙여 공연(2004년)
- 창작칸타타 『단야 아가씨』를 작시하고 한광희가 곡을 붙여 공연(2010년)

저서

<시집> 『빛더듬이』('87.심상사)『사랑도 지나치면 죄가 되는가』('98.도서출판 둥지)『은행나무 등불』('01.현대시)『벤자민은 클래식을 좋아해』('05.시선사)『북으로 가는 서정시』('11.모아드림)『하이델베르크의 술통』('11.모아드림)『뜻밖의 봄』('13.모아드림)『차가운 그림 문자』('16.시와표현)『쓸쓸한 은유』('21.바밀리온)『부안』('23.부안문화원) 등

<수상록> 『숨쉬는 문화 숨죽인 문화』('98.도서출판동지)『우리 시대의 글쓰기』('06.수필과비평사)『시심으로 읽는 세상』(18.흐름)

<시해설집> 『누군가 내게 시를 보내고 싶었나봐』('05.도서출판흐름)『시의 지문 1. 우리 옛 시의 재발견』('16.흐름)『시의 지문 2. 우리 현대시의 재발견』('16.흐름)

<문학평론집> 『문학의 즐거움 삶의 슬기로움』('01.신아출판사)『문학의 두 얼굴』('11.도서출판.작가)『임꺽정과 서사문학 연구』('11.디자인.흐름)『시를 읽는 몇 가지 방법』('16.흐름)

연락처

55065 전주시 완산구 소태정4길 23-8
<린다랑집> 1층 <유연부부문학사랑방>
010-9966-0537   poetldh@hanmail.net

시로여는세상

지금 시
ⓒ 이동희

ISBN 979-11-94512-21-9 03810
eISBN 979-11-94512-22-6 05810

펴낸날	2025년 5월 10일
지은이	이동희
펴낸이	김용옥
펴낸곳	㈜시로여는세상
등록일	2022년 1월 20일
등록번호	제2022-000021호
주소	03004 서울시 종로구 평창30길 44
편집실	03157 서울시 종로구 종로 19, B동 1616호 (르메이에르종로타운)
전화	070-8777-7185
이메일	poeticact2002@naver.com (총무부)
홈페이지	http://poeticact.com
SNS	@ofpoeticact (https://www.instagram.com/ofpoeticact/)
제작	淸依 althor@naver.com

* 이 시집은 〈전북특별자치도 문화관광재단〉의 '2025년문화예술육성지원사업'에 선정되어 출판비를 지원받았습니다.

* 잘못 만들어진 책은 구입하신 서점에서 교환하여 드립니다.
* 이 책의 저작권은 저자에게, 출판권은 계약기간 중 ㈜시로여는세상에 있습니다.
* 정가는 뒤표지에 있습니다.